Joachim von Ribbentrop

La lutte de l'Europe pour sa liberté

Discours
prononcé
par le ministre des affaires étrangères

le 26 novembre 1941,
à Berlin

Moscou, 23 août 1939

Le ministre soviétique des Affaires étrangères Molotov signe le pacte allemand-soviétique de non-agression ; Joachim von Ribbentrop et Staline sont debout derrière lui.

Excellences
Messieurs !
Camarades du Parti

Je vous remercie d'être venus à cette réunion d'aujourd'hui destinée à offrir aux membres du Gouvernement allemand présents à Berlin, aux représentants de l'État, du Parti et de l'Armée, aux représentants de l'art, de la science et de l'industrie, à des hommes de tous les domaines de la vie allemande, l'occasion de lier connaissance avec nos hôtes étrangers que nous sommes heureux de voir au milieu de nous.

Je salue particulièrement les représentants allemands et étrangers de la Presse et de la-Radio.

Messieurs, nous avons l'honneur de voir ces jours dans notre capitale les ministres des Affaires Étrangères de la plupart des États européens ; ainsi que les représentants des États de l'Extrême-Orient qui sont nos amis, à savoir les représentants de l'Italie, du Japon, de la Hongrie, du Mandehoukouo, de l'Espagne, de la Roumanie, de la Bulgarie, de la Slovaquie, de la Croatie, de la Finlande et du Danemark : Avec les représentants de ces États amis de l'ordre, auxquels s'est jointe la Chine, nous avons confirmé hier un pacte sacré contre le Komintern, pacte, exprimant la volonté de leurs peuples de collaborer jusqu'à ce que nos pays soient définitivement sauvés du communisme et de n'avoir de cesse que soient extirpés jusqu'aux derniers restes de cette forme de démence la plus effroyable dont ait jamais été atteinte l'humanité.

Nous exprimons ici encore une fois la joie toute particulière et la satisfaction du peuple allemand en présence de cet événement significatif qui forme étape dans la voie vers l'union et la refonte de l'Europe et vers l'établissement d'un ordre de choses plus équitable dans le reste du monde également. Messieurs, je désire profiter de l'occasion qui s'offre aujourd'hui pour vous donner un bref aperçu de l'origine de la guerre et du cours qu'elle a pris jusqu'à présent, ainsi que du point de vue du gouvernement, allemand relativement à la situation actuelle de la politique étrangère.

Grâce à l'héroïsme de l'Armée allemande et des troupes alliées de l'Italie, de la Roumanie, de la Hongrie et de la Slovaquie, grâce à ce valeureux peuple du Nord et aux contingents de volontaires de l'Espagne, de la France, de la Croatie, du Danemark, de la Norvège, des Pays-Bas et de la Belgique ; la puissance politique du communisme et du bolchevisme est brisée et, pour reprendre un mot du Führer, ne se relèvera jamais.

Ce furent deux grands hommes, le Führer de l'Allemagne et le Duce de l'Italie, qui, les premiers, ont reconnu ce danger il y a plus de vingt ans ; et qui ont entrepris la lutte contre ce dernier symptôme de décadence affectant les idées et les moeurs d'une époque à son déclin. Ce sont, eux qui ont retenu leurs peuples sains au bord de l'abîme s'ouvrant devant eux. Cet acte appartient déjà à l'Histoire. D'abord les deux chefs, par leur exemple et par l'enseignement du national-socialisme et du fascisme, créèrent à l'intérieur les conditions d'existence de leurs deux peuples. Dans leur effort ultérieur celui qui consistait à assurer à l'extérieur l'avenir de leurs peuples, ils se sont heurtés à une hostilité de la part du monde extérieur qui semblait insurmontable. Les démocraties de l'ouest, menées par une couche assez mince d'exploiteurs de leurs propres peuples, endurcis dans leurs conceptions égoïstes de possédants, accoutumés aux paragraphes de spoliation du Traité de Versailles, cet acte de folie, ne voulurent pas entendre parler de révisions, même des plus urgentes. Ces démocraties se sont opiniâtrement opposées, dés le début, à toutes les tentatives raisonnables faites par le Führer et par le Duce, pour assurer la base même de l'existence, le pain quotidien, au peuple allemand et au peuple italien qui, tous deux, avaient été assez mal dotés dans la répartition des biens de ce monde.

Messieurs, il est presque inconcevable aujourd'hui que l'Angleterre ait provoqué délibérément cette guerre contre l'Allemagne parce que celle-ci voulait faire entrer dans le cadre du Reich, et à la suite d'un libre plébiscite, la ville allemande de Dantzig, et parce qu'elle voulait construire une autostrade à travers le corridor de Dantzig. Sans doute, ce lut là seulement pour l'Angleterre le prétexte de la déclaration de guerre à l'Allemagne le 8 septembre 1939. En réalité, les dirigeants de l'Angleterre, qui alors dominait encore le monde, et qui se plaisait à jouer le rôle de gouvernante du continent, ne voulait pas accorder a l'Allemagne la place qui revient en Europe a un grand peuple, ni même celle qui lui eût simplement assuré une vie exempte de soucis. On se demande pourquoi ? On peut seulement répondre que c'était par pure arrogance et par avidité de puissance de la part de la Grande-Bretagne, qui, elle, avec 45 millions d'Anglais, dominait un tiers du globe, alors qu'elle ne pouvait souffrir que le peuple allemand, avec plus de 80 millions d'habitants, pût jouir de l'espace vital le plus modeste, et aussi parce que ceux qui la gouvernaient, redoutaient l'énergie des Allemands et l'exemple social donne par une Allemagne dont les forces renaissaient. Au lieu de rétablir l'égalité des droits de l'Allemagne et, sur cette base de la parité entre les deux peuples, de chercher l'équilibre de leurs intérêts, établissant ainsi une communauté d'intérêts profitable vis-à-vis du reste du monde, ceux qui gouvernaient l'Angleterre ont cru ne pouvoir assurer leurs exigences injustifiées de domination qu'en opprimant de nouveau l'Allemagne.

Le Führer, par contre, a poursuivi une politique généreuse et longanime envers l'Angleterre, politique dont on peut bien dire qu'elle est sans précédent si l'on songe que, dans le passé, l'Angleterre a commis la plus grave injustice envers le peuple allemand. Cette politique ne pouvait se comprendre que si l'on savait que le Führer, dans la poursuite logique de la décision qu'il avait prise alors, voulait faire tout ce qui était, en son pouvoir pour essayer de s'entendre avec l'Angleterre, au profit et à l'avantage des deux pays. Si l'on se représente les avantages pour l'Angleterre de cette politique du Führer, politique qui visait non seulement à assurer l'entière sécurité des fies anglaises ; mais, en outre, était disposée à faire servir les forces de l'Allemagne pour le maintien de l'Empire britannique, toute personne sensée se demande aujourd'hui comment l'Angleterre a pu être aveuglée à ce point. Certes, déjà au cours des tractations, nous avons bien vu que certains éléments en Angleterre, notamment les éléments juifs étaient d'avis que l'Allemagne accepterait le rôle d'une nation intérieure, et qu'elle se contenterait du niveau d'existence que lui concédait comme portion congrue la Grande-Bretagne, peu importe que ce niveau fût supportable ou non. Autrement ce serait la guerre.

Dans toutes les négociations d'alors, cette menace de guerre voilée ou ouverte, était le dernier mot de la sagesse des hommes d'État anglais. Je puis bien dire en avoir été le principal témoin puisque, dans les années qui se sont écoulées depuis la prise du pouvoir, c'est moi qui ai toujours été porter à l'Angleterre les offres de paix et que, chaque fois, j'ai dû revenir annoncer au Führer que, dans leur sot entêtement, les Anglais avaient refusé et qu'à la première occasion qui lui semblerait favorable, l'Angleterre déclarerait la guerre. Un tel entêtement borné était presque incompréhensible, mais il nous confirmait dans notre jugement quant aux véritables sentiments des dirigeants anglais envers l'Allemagne. Qui refuse une fois de telles offres de paix est décidé à la guerre. Telle était notre conviction. Je laisse à l'avenir le soin de décider si les propagandistes anglais, si particulièrement sagaces, ont raison de dire qu'ignorant la nature de l'Anglais et méconnaissant son caractère, j'aurais dit au Führer que l'Angleterre ne combattrait jamais. L'avenir aura, du reste, décider d'une chose beaucoup plus importante : celle de savoir si les hommes d'État Anglais ont ou non pratiqué alors une sage politique. Pour ma part, je crois que la question est déjà tranchée. En effet, la différence entre hier et aujourd'hui sautera aux yeux même à l'Anglais le plus borné. Alors c'était l'offre d'alliance de l'Allemagne qui, contre une reconnaissance des révisions de Versailles demandées par elle et que l'on connaît, contre le retour des colonies allemandes, offrait à l'Angleterre sa sécurité et celle de son Empire : actuellement, c'est l'Angleterre qui se trouve dans une lutte sans issue contre la plus puissante coalition du monde.

En ouvrant les hostilités, l'Anglais reprit son vieux jeu, ce jeu qui lui est passé dans le sang, de faire combattre pour lui en Europe un pays après l'autre. D'abord ce fut la Pologne. Si l'Angleterre n'avait pas offert, sa garantie à la Pologne, on en serait venu certainement à un accord pacifique avec l'Allemagne. Mais l'Angleterre, ou plutôt M. Churchill, qui, comme nous l'avons appris récemment, conspirait déjà avec M. Roosevelt derrière le dos de son propre Président du Conseil, Chamberlain, et poussait au conflit, excita la Pologne à la résistance, afin d'avoir ainsi un prétexte de guerre contre l'Allemagne.

En même temps, la France, avec laquelle l'Allemagne était entrée également dans la voie de l'entente amiable, a dû se battre sur l'ordre de l'Angleterre. Des imbéciles ou des criminels dans l'obédience de l'Angleterre ont amené là ce pays. Puis ce fut le tour de la Norvège, des Pays-Bas et de la Belgique. Cependant, en peu de mois, l'Armée allemande réussit à battre ces pays et à les occuper, et l'Angleterre eut son glorieux Dunkerque. Dans cette lutte entre les possédants les gueux, l'Italie se rangea aux côtés de l'Allemagne.

Pourtant cela ne suffisait pas encore à l'Angleterre. Possédée par l'idée qu'elle pouvait malgré tout s'incruster en Europe, elle s'adressa aux Balkans. L'Axe a fait alors tous les efforts diplomatiques imaginables pour conserver la paix dans les Balkans. Ce fut en vain. Au lieu de se souvenir de la leçon infligée à Dunkerque, l'Angleterre essaya d'atteler la Grèce et la Yougoslavie au service de ses intérêts. Se rendant compte exactement le la situation et des intrigues fomentées depuis longtemps déjà par ces États, de leurs actes contraires à la neutralité, voire de l'appui militaire accordé aux adversaires de l'Italie dans sa guerre en Méditerranée, guerre provoquée également par l'Angleterre, le Duce a entrepris d'abord la lutte contre la Grèce et ouvert les opérations militaires. Lorsque la Yougoslavie également se fut rangée définitivement aux côtés de l'Angleterre et que celle-ci mit ouvertement en ligne ses peuples auxiliaires d'Australie et de Nouvelle-Zélande, l'Axe, une fois revenue la meilleure saison, à balayé également en peu de semaines les Anglais de cette partie de l'Europe.

Ainsi la Serbie, la Grèce et la Crète devinrent victimes de cette étonnante stratégie britannique. Mentionnons simplement en passant que le Président des États-Unis a été, une fois de plus, un zélé collaborateur de cette nouvelle aventure anglaise.

Mais, de façon générale, il n'y a guère de pays en Europe que l'Angleterre n'ait cherché à gagner ou amené à lutter à sa place. Toutefois, le bon sens et le sentiment des réalités ont déterminé les hommes d'État responsables à s'engager dans la bonne voie en se dérobant à ces offres de garantie anglaises ainsi qu'à toutes autres suggestions.

Cependant, les décisifs échecs militaires que l'Angleterre a essuyés au Nord, à l'Ouest, au Sud et au Sud-Est de l'Europe ne lui laissèrent pas de repos et M. Churchill ainsi que ses acolytes germanophobes des États-Unis, M. Roosevelt en tête, fondèrent désormais tout leur espoir sur l'Est. J'arrive ainsi, Messieurs, à la phase de la lutte en commun pour la liberté que l'on considérera, j'en suis sûr, un jour comme la période décisive aussi bien de l'issue de cette guerre que du sort de l'Europe et, par là, de l'avenir de tout l'univers civilisé : je veux parler de la campagne contre la Russie des Soviets.

Qu'il me soit permis ici de rappeler tout d'abord qu'en 1939, dans l'espoir d'arriver tout de même encore à un compromis entre le peuple allemand et le peuple russe, l'Allemagne avait conclu un traité avec Moscou, et cela sur la base d'une non-agression réciproque et de la délimitation des sphères d'intérêt respectives. Initiative qui, du fait des conceptions diamétralement opposées du national-socialisme et du bolchevisme, n'a pas alors été légère au Führer. Il y fut déterminé par les considérations suivantes : dans le cadre de la politique d'encerclement à ce moment en cours, l'Angleterre avait fait des offres de garantie aux pays d'Europe les plus divers, en prétextant que ceux-ci se trouvaient sous la menace de désirs d'expansion germaniques. En outre, l'Angleterre et la France s'efforçaient à la même époque, par la sollicitation d'un pacte d'assistance, de faire de l'Union des

Soviets la clé de voûte de leur politique d'encerclement contre l'Allemagne. Sachant fort bien que le succès d'un plan de ce genre, qui aboutissait à la coalition de l'Angleterre, de la France et de la Russie des Soviets, constituerait un formidable danger pour l'Allemagne ainsi que pour l'Europe entière et, partant, aussi et surtout, pour les États voisins de moindre importance du Sud et du Nord, le Führer a fait comprendre à Moscou quelle était l'inconsistance des désirs expansionistes attribués à l'Allemagne. Lorsque la délégation allemande arriva dans cette ville, les négociations entre le Gouvernement soviétique et les commissions militaires anglo-françaises étaient à leur point culminant. En réussissant à créer une détente à l'égard de la Russie, par l'intermédiaire de sa délégation, l'Allemagne a pour le moins empêché que le bolchevisme ne pénétrât immédiatement en Europe. Certaines constatations faites en Russie ainsi que des nouvelles précises provenant de là paraissaient justifier l'espoir du Führer que, par suite des répercussions ultérieures de cette entente, l'Union des Soviets renoncerait à son idée de révolution mondiale et pourrait également devenir peu à peu pour l'Allemagne et les autres pays d'Europe limitrophes de la Russie, une voisine pacifique. Et, de fait, en exécution loyale de cette déclaration, l'Allemagne a depuis l'été 1939 procédé à une reconsidération complète de sa politique à l'égard de la Russie. Elle n'a cessé de se cantonner dans la sphère de ses intérêts purement allemands et elle a cherché avec une inlassable patience à aboutir à une amiable composition avec les Soviets dans toutes les questions litigieuses qui surgissaient. Dans son désir d'écarter tontes possibilités de conflit et de prévenir toute suspicion, l'Allemagne est même allée jusqu'à procéder au transfert à l'intérieur de ses frontières de toutes les minorités allemandes se trouvant dans les pays limitrophes.

13

On sait quelle fut la désillusion du Gouvernement du Reich qui avait cru pouvoir ainsi provoquer une attitude corrélative du Gouvernement des Soviets à son égard, voire à l'endroit des Etats voisins. Dans la note que le Ministère des Affaires Étrangères a transmise le 22 juin 1941 au Gouvernement des Soviets, le Gouvernement du Reich a fait connaître l'opinion mondiale de quelle odieuse façon le Gouvernement des Soviets l'avait abusé et que les Soviets n'avaient considéré les arrangements de 1939 que comme des feintes tactiques. Staline prévoyait que l'Angleterre était décidée à entrer en guerre contre l'Allemagne. Il escomptait une longue lutte d'épuisement entre cette dernière et les démocraties occidentales, lutte qui lui permettrait sans grand effort de promouvoir le bolchevisme en Europe. Notre rapide victoire sur la France et l'expulsion des Anglais du continent déjouèrent ces espérances. Aussi changea-t-il son fusil d'épaule, renouant aussitôt avec l'Angleterre et l'Amérique, en même temps qu'il précipitait sa concentration stratégique contre l'Allemagne. Le Ministre des Affaires Etrangères du Reich a alors exposé en détail comment les agents communistes ont, en dépit du pacte germano-russe, poursuivi leur oeuvre de désagrégation, d'espionnage et de sabotage contre l'Allemagne et comment le Komintern a continué sa propagande dans les pays balkaniques de même que dans le reste de l'Europe. Il a, de plus, révélé comment la puissance soviétique, à l'encontre de tous ses engagements, continuait à bolcheviser les territoires de l'Est européen ; il a révélé les exigences des Soviets du Nord, où ils réclamaient des sacrifices de la Finlande, et au Sud-Est, où ils requéraient l'abandon de la Bulgarie et l'assentiment de l'Allemagne à l'établissement de points d'appui militaires dans tes détroits. Il a exposé comment, le Führer repoussant cette prétention, Moscou déplaça l'armée rouge de plus en plus vers l'Ouest, depuis la mer de Glace à la mer Noire, jusqu'à ce que finalement toutes les forces armées russes se trouvassent concentrées contre l'Europe à nos frontières, ainsi qu'à celles de la Finlande et de la Roumanie, puis comment, finalement, les Soviets en étaient venus, parallèlement à leurs concentrations de troupes, à prendre de plus en plus ouvertement parti contre le Reich aussi sur le terrain diplomatique. Rappelons ici encore les menées soviétiques en Bulgarie, en Hongrie, en Roumanie et en Finlande jusqu'à l'accord avec la Serbie. La note du Ministère des Affaires Étrangères alors déjà, particulièrement attiré l'attention sur le fait qu'aux termes de la documentation dont dispose le Gouvernement du Reich, dès le courant de 1940 l'ambassadeur d'Angleterre à Moscou, Cripps, cherchait, malgré tout, à s'assurer le concours des Soviets pour la réalisation des buts de l'Angleterre, et que ces tentatives étaient couronnées de succès. Entre temps le Gouvernement du Reich avait reçu des indications précises sur les séances secrètes de la Chambre des Communes au cours de 1940, indications qui témoignent nettement des graves soucis qu'éprouvait à juste titre la Chambre des Communes quant à la continuation et aux chances de la guerre après la débâcle de la France. D'après la documentation dont nous disposons, M. Churchill a alors cherché à calmer l'inquiétude du parlement anglais et à rallier une fois encore le peuple anglais à sa politique de guerre, en faisant aux Communes des déclarations d'où il résultait :

1. Qu'à la suite des pourparlers engagés à Moscou par l'ambassadeur Cripps, il avait la promesse formelle que la Russie des Soviets entrerait en guerre du côté anglais, et
2. Qu'il avait la promesse absolument inconditionnée du Président Roosevelt de soutenir les opérations de guerre de l'Angleterre.

D'après les impressions que nous avons pu recueillir sur ces séances secrètes, ce n'est que par ces déclarations que M. Churchill a fini par dissiper la mauvaise impression qui pesait sur nombre de députés et par les maintenir en haleine.

En 1940 des agents anglais et russes agissaient déjà de concert les Balkans contre les intérêts allemands et italiens. Au début de 1941 cette collaboration anglo-soviétique déjà signalée prenait de plus en plus corps' jusqu'à sa manifestation aux yeux de tout l'univers au commencement d'avril de cette année lors de l'éclosion de la crise balkanique. La note du ministère des Affaires Étrangères a également établi de façon irréfutable que le coup de force auquel il a été procédé à Belgrade après l'adhésion de la Yougoslavie d'alors au pacte tripartite, était l'oeuvre de l'Angleterre d'accord avec la Russie des Soviets. Le plan anglo-russe se proposait d'attaquer les troupes allemandes se trouvant dans les Balkans si possible de trois côtés à la fois, plan déjoué, comme on le sait, par les victoires rapides et décisives de l'Axe dues à l'attitude de nos amis balkaniques et du Gouvernement turc.

L'appel de lord Beaverbrock publié peu avant le début de la guerre germano-russe en faveur de la Russie qu'il fallait soutenir par tous 'les moyens dont on disposait, ainsi que son invite aux États-Unis d'Amérique à faire de même, révélèrent à l'opinion mondiale où en étaient réellement les relations anglo-russes, de sorte que les tractations d'alliance entre Londres et Moscou publiées peu après le début des hostilités germano-russes n'étaient que la confirmation officielle d'un état de choses existant en réalité secrètement depuis longtemps. Et, de fait, il éclate aux regards de l'univers entier que le risque-tout Churchill, en poussant la Russie des Soviets à une rupture avec l'Allemagne, point sur lequel ses désirs concordaient avec ceux de Roosevelt et de Staline, jouait contre l'Allemagne en Europe un va-tout dont il espérait merveille. En même temps que Churchill, l'univers judéo-anglo-saxon, s'abandonnant à l'espoir que la Russie pourrait être, malgré tout, à même de provoquer un redressement de la situation militaire européenne si désastreuse pour l'Angleterre, dépouilla toute vergogne et leva le masque. Avec des procédés d'une indignité dépassant toute expression, les démocraties occidentales portèrent aux nues du jour au lendemain l'alliance d'agression qu'elles avaient conclue avec le bolchevisme. Des conservateurs anglais et des milliardaires américains, qui jusqu'alors avaient refusé tout contact avec les pestiférés qu'étaient pour eux les bolchevistes, déclarèrent à la face du monde que la Russie était un pays de joie, de franche gaîté et de bourgeoisie menant une vie de délices. Des syndicalistes et des agronomes anglais et américain prouvèrent de façon mathématique à leurs auditeurs étonnés que le, Soviets avaient créé un véritable paradis de travailleurs heureux et contents et, que les kolchoses constituaient les fondements du maintien d'une paysannerie vivant dans l'aisance dans les fermes prospères. Des savants et des membres d'associations culturelles juifs et britanniques déclaraient, en se carrant dans leurs fauteuils de club à Londres et à New-York, que l'Union des Soviets avait été depuis toujours un centre éminent de production scientifique et culturelle. Des archevêques, des évêques et des cardinaux qui, peu auparavant encore, avaient combattu la Russie de tout leur zèle sacré en tant que berceau de l'athéisme, proclamaient tout à coup que l'Union des Soviets n'avait jamais cessé d'être le berceau du Christianisme et aujourd'hui sa protectrice, cependant que l'archevêque de Canterbury, au cours de services divins à caractère officiel, priait pour l'armée rouge et son ami Staline. Churchill et

Roosevelt déclaraient leurs peuples qu'il n'y avait pas de forme de gouvernement pour se rapprocher davantage des principes sacro-saints de la démocratie par eux proclamés que le système bolcheviste. Ce fut même dans les démocraties occidentales une surenchère de lamentables salamalecs d'amitié et de sympathie en faveur d'un État criminel judéo-bolcheviste, tandis que, il est vrai, l'appui matériel que Staline appelait de ses voeux les plus ardents se faisait vainement attendre.

Les paroles récemment prononcées par Churchill et Staline, qui se sont mutuellement conféré le titre de vieux coursiers de bataille «*old war horses* », rendirent un son beaucoup plus réaliste. Cela me semble caractériser d'une manière plus juste encore leur véritable position respective.

En cinq mois, le dernier espoir militaire des Anglo-Saxons en Europe a été de même réduit à néant. Messieurs ! Je ne crois pas exagérer lorsque j'affirme que ces cinq mois de campagne à l'est prendront place dans l'histoire mondiale comme le plus grand exploit militaire accompli jusqu'à présent. Nous avons réussi, dans ces cinq mois, à battre une armée bien équipée et la plus nombreuse du monde ; nous avons combattu contre un adversaire qui se défendait avec ténacité et acharnement, qui le plus souvent luttait courageusement jusqu'au dernier souffle, par peur du coup de pistolet dans la nuque dont le menaçaient ses commissaires, nous avons eu affaire à un matériel de guerre énorme et à une artillerie formidable, à des chars d'une construction des plus moderne, etc., à l'immense espace russe qui gêne tellement les opérations, à un temps défavorable ; nous avons combattu dans la boue, la pluie, la neige, le froid, et sur des chemins se trouvant dans un état indescriptible. C'est une page de gloire qu'ont écrite là nos soldats et les troupes alliées, un exploit qui remplit d'une admiration indicible tous ceux qui ont suivi, ne fût-ce que de loin, les péripéties de cette lutte titanique, et qui s'impose au respect de la patrie. Pourtant, je crois que tous les hauts faits de nos admirables troupes auraient été vains sans le génie militaire universel et vraiment unique qui a dirigé ces opérations.

Cette campagne a déchiré le voile du secret dont s'était enveloppé à dessein le colosse russe et qui l'avait séparé presque totalement du monde extérieur ces vingt dernières années. Poussé par une soif insatiable du pouvoir, un tyran voué à la juiverie internationale a concentré toute la force de ses peuples de 190 millions d'âmes sur un seul but : la conquête du monde par les bolchevistes de Moscou. En pleine connaissance du fait que la propagande seule ne constituait pas un moyen suffisant pour atteindre ce but, Staline, raisonnant avec une logique froide et impitoyable, a préparé la Russie soviétique à résoudre cette tâche par la force. Hommes et matériel ont été mis, avec un égal fanatisme, au service de ce but. Le niveau de la vie culturelle et matérielle des Russes correspond à celui d'esclaves. Vivant dans la plupart des cas dans de misérables huttes, demi mort de faim, le Russe d'aujourd'hui a perdu tout ce qui rend, pour nous, la vie digne d'être vécue.

Effort, beauté, famille, Dieu sont devenus pour lui des mots vides de sens. Abêtis, endurcis, cruels, ignorant la joie de vivre et l'idéal, les Russes sont tombés à un niveau dont on ne saurait guère se faire une idée. Quelle profonde désolation que d'être obligé de constater et d'admettre qu'un système, inventé par les hommes eux-mêmes, a abouti, en une génération a peine, à abaisser ces hommes presque au niveau de bêtes. Dans une atmosphère de maison de correction, paysans et ouvriers ont été de force réduits au rôle d'instruments pour la préparation de la guerre, le dernier rouble a été dépensé pour l'armée rouge de la juiverie internationale, pour l'armement, et encore pour l'armement. D'immenses usines d'armement et entreprises de guerre se sont élevées là où, peu d'années auparavant, se trouvaient encore des villages et de petites villes, un vaste réseau de voies terrées stratégiques et d'aéroports a été construit, surtout le long de la frontière occidentale de cet immense pays, là où s'étendaient de paisibles champs. Mais surtout, on y organisa la plus nombreuse armée lui ait jamais existé dans le monde, dotée d'une quantité inégalée de chars, de canons, d'avions, etc.

Dès que la situation politique et militaire de l'Europe lui paraîtrait favorable, le rouleau compresseur judéo-bolcheviste devait écrase, l'Europe. Lorsque l'armée allemande entra en action, le 22 juin de cette année, à la dernière minute, le vaste déploiement, offensif de l'armée rouge contre l'Europe venait de s'achever.

Messieurs ! La réalité a de beaucoup dépassé tous les calculs et toutes les prédictions sur le déploiement de forces du colosse russe ainsi que sur les intentions de son dictateur, Staline, à l'égard de l'Europe. Les générations futures garderont une reconnaissance éternelle au Führer qui, avec les troupes allemandes et alliées, est parvenu, par les formidables batailles d'anéantissement de l'année 1941, à briser ce colosse et à sauver l'Europe de la ruine et de l'esclavage éternel que lui avait réservés le bolchevisme juif.

La part glorieuse que, dans le Nord, les héros finlandais ont prise cette lutte commune pour la liberté, leur assure à tout jamais une place dans le coeur du peuple allemand.

Je voudrais résumer comme suit les conséquences de la défaite russe et de l'occupation de la majeure partie de la Russie d'Europe en 1941 :

1. Militairement, le dernier allié de l'Angleterre sur le continent a cessé d'être un facteur d'importance. L'Allemagne et l'Italie, et avec elles leurs alliés, sont devenues inattaquables en Europe ! Cette victoire a libéré des forces considérables !
2. Économiquement, l'Axe et ses amis, et avec eux l'Europe entière, sont désormais indépendants des pays d'outre-mer. L'Europe est définitivement en mesure de résister au blocus. Les céréales et les matières premières de la Russie d'Europe peuvent couvrir intégralement les besoins de l'Europe. Son industrie de guerre sera mise au service de l'économie de guerre de l'Allemagne et de ses alliés, ce qui accroîtra considérablement le potentiel de guerre de l'Europe. L'organisation de cet immense espace est déjà en train de s'effectuer.

Ainsi se trouvent réalisées les deux dernières conditions décisives pour la victoire finale de l'Axe et de ses alliés sur l'Angleterre.

Au terme de l'année de guerre 1941, l'Allemagne et ses alliés ont occupe la partie la plus peuplée de la Russie et la majeure partie du territoire russe la plus importante en ce qui concerne les matières premières et les céréales. Ces territoires occupés renferment également la partie capitale de l'industrie soviétique. Quand on considère les possibilités militaires et économiques qui restent aux Russes, il n'est plus très difficile d'établir des pronostics sur le déroulement des événements prochains à l'Est. Le manque de soldats instruits et de matériel met les Soviets hors d'état de déployer a l'avenir des efforts militaires susceptibles d'amener des changements dans le cadre de la situation générale.

En conséquence, au point de vue de la conduite générale de la guerre, l'Axe et ses alliés se trouvent, vis-à-vis de l'Angleterre et de ses comparses, dans une situation stratégique absolument dominante. L'Axe a gagné les campagnes du Nord, de l'Ouest, de l'Est et du sud-Est de l'Europe, et, quelles que soient les élucubrations des stratèges anglais, elles ne sauraient plus rien changer aux durs événements survenus en Europe. En Afrique comme en Europe, l'Angleterre a déjà pu se convaincre de ce que le mordant et l'entrain de nos troupes sont également en mesure de réaliser dans ces territoires. A l'heure on je parle, la lutte y a repris. Au reste, tout bien considéré, ces territoires sont dans une situation géographique plus propice à l'Axe qu'aux Anglo-Saxons, séparés d'eux par de vastes océans.

La conduite ultérieure de la guerre oppose : les Iles Britanniques et leurs complices d'outre-Atlantique d'un côté, et, de l'autre, le puissant bloc européen. L'Allemagne et l'Italie sont en mesure de concentrer la force décisive de leur armées, de leur flotte et de leur aviation sur leur adversaire principal, l'Angleterre, pour le terrasser. Dans cette lutte, toutes les chances sont du côté de la coalition européenne, qu'il s'agisse de la situation stratégique ou de l'emploi d'hommes et de matériel.

Oui Messieurs ! Mais la défaite du bolchevisme est aussi d'une importance décisive pour la situation politique générale dans le monde. La supériorité des grandes puissances alliées par le pacte tripartite, Allemagne, Italie et Japon, et des Etats qui se sont joints à elles, est devenue telle, après la déchéance de la Russie du rang de grande puissance, que je ne vois aucune combinaison de puissances capable à la longue de leur tenir tête. Dans les grandes lignes, la sphère de puissance de ce groupe et de ses amis s'étend sur tout l'espace européen, depuis le Cap Nord jusqu'à l'espace méditerranéen, du rivage de l'Atlantique jusqu'au coeur même de la Russie. L'espace nord-africain et le Proche Orient, pour autant que l'ennemi y a encore des positions, ne pourront pas non plus se soustraire à la longue aux effets de ce déploiement de puissance politique et militaire. Mais en Asie orientale se trouve une grande puissance, le Japon, qui est le maître du développement futur et à qui aucune puissance du monde ne peut disputer à la longue la position dominante qui lui revient.

En face de ces puissances se trouve aujourd'hui l'Angleterre et sa tête M. Churchill. Personne ne peut scruter le coeur de cet homme, qui sans aucun doute doit être considéré en Angleterre comme le principal coupable de la déclaration de guerre de l'Angleterre à l'Allemagne. Mais il serait étonnant que M. Churchill n'ait pas compris dès aujourd'hui au tréfonds de lui-même, qu'il ne peut plus gagner cette guerre et que, dés aujourd'hui, l'Angleterre a perdu la partie. Envers son propre peuple, bien sûr, il ne peut pas le reconnaître et ainsi ses espoirs se cramponnent l'assistance du dernier allié encore possible, les Etats-Unis d'Amérique.

Excellences ! Messieurs ! Depuis des années le Président Roosevelt menace l'Allemagne et tous les Etats possibles de la guerre. L'Allemagne s'est tue d'abord à ce sujet. Mais vu le ton sur lequel les bellicistes les Etats-Unis se plaisent à parler ces derniers temps, avec une virulence toujours accrue à l'égard de l'Allemagne, nous n'avons plus aucune raison de ne pas nous prononcer ouvertement sur ce thème.

Dans toute son histoire, le peuple allemand n'a jamais éprouvé de rancune et encore moins de haine envers le peuple américain. A coup sur, le peuple américain n'en a pas eu non plus à l'égard du peuple allemand.

Roosevelt cherche cependant avec tous les artifices de l'intrigue, de l'altération de la vérité et de la calomnie, à entraîner son pays et son peuple dans la guerre contre l'Allemagne. L'Allemagne n'a pas voulu cette évolution. Mais lorsqu'il fut établi que ce n'était pas et que ce ne pouvait pas être le peuple américain qui parlait ainsi et que cette politique était faite au contraire par toute la juiverie internationale, affluée aux Etats-Unis, et par son porte-parole M. Roosevelt, le Führer a tenu compte de cette marche des choses et le gouvernement du Reich a, en conséquence, compté dès le début avec l'hostilité de Roosevelt. En présence de cette attitude du Président Roosevelt, je ferai remarquer immédiatement ceci : Que les Etats-Unis livrent ou non, et dans n'importe quelle mesure du matériel de guerre à nos ennemis, qu'en plus de cela les Etats-Unis entrent contre nous dans cette guerre ou non ? cela ne changera plus rien à l'issue de cette guerre, c'est-à-dire à la victoire de l'Axe et de ses alliés.

Toutefois, on doit se demander pourquoi précisément des peuples entre les pays desquels la Providence a placé un océan de milliers de kilomètres de largeur devraient se faire la guerre. Aussi ne peut-on comprendre la situation actuelle que lorsqu'on considère que ce rie sont pas les véritables, intérêts du peuple allemand, du peuple italien et du peuple américain qui s'opposent ici, mais au contraire : d'un côté les intérêts des peuples jeunes luttant pour leur existence nationale, pour un nouvel ordre social et pour une répartition équitable des biens, et de l'autre côté les intérêts d'un monde judéo-ploutocratique d'exploiteurs des peuples, ayant à sa tête Roosevelt.

Alors, avec tout l'appareil gouvernemental et de propagande dont il disposait avec ses compères juifs, Roosevelt a cultivé également la haine envers l'Allemagne nationale-socialiste et l'Italie fasciste. Pour cela, on n'a reculé devant aucun moyen. On injurie tour à tour l'Allemagne, ou le Japon, sans cesse, jour et nuit : on dit que l'Allemagne veut opprimer les religions du monde entier ! Ou bien qu'Hitler veut conquérir l'Amérique du Sud ! Ou encore qu'il veut asservir les Etats-Unis, et puis encore : qu'Hitler veut partager le monde ! On cherche à persuader tout cela au peuple américain. Naturellement, on sait très bien que tout cela n'est qu'absurdité et idiotie. On sait que l'Allemagne, dont la vie chercherait son expansion dans l'Est pour des générations, n'a premièrement pas moindre raison et par conséquent ne peut pas avoir non plus la moindre intention d'attaquer l'Amérique, et que deuxièmement l'idée d'une offensive allemande contre l'Amérique n'est pas autre chose, militairement, qu'une absurdité tout simplement fantastique. Bien que les militaires américains le sachent très bien, eux aussi, les bellicistes des Etats-Unis d'Américaine parlent continuellement de la possibilité d'une attaque allemande, car on a besoin de ces paroles pour masquer ses propres intentions. Suivant la méthode qui consiste à crier au « voleur ! » pour donner le change, on invente des plans hitlériens de conquête mondiale, afin, dans ce tapage, de pouvoir rétablir, avec l'Amérique comme point de départ, la domination judéo-ploutocratique dans tous les autres pays qui l'ont secouée. C'est pour cette seule raison qu'on excite à la guerre contre la nouvelle Allemagne, contre l'Italie ou le Japon. On falsifie des cartes, des documents. On déclare la neutralité des Etats-Unis, pour pouvoir commettre constamment des infractions à la neutralité. On livre du matériel de guerre et on invente la clause *cash and carry*, pour supprimer après le *cash* d'abord et le *carry* ensuite. On déclare le bolchevisme ennemi mortel, pour s'allier avec lui quelques semaines plus tard. Finalement, on donne l'ordre de tirer, on tire sur des bâtiments allemands, et on feint hypocritement l'indignation lorsque des bateaux allemands en viennent alors à se défendre. On doit vraiment se demander jusqu'à quand le bon sens du peuple américain supportera une telle politique de catastrophe de la part de son gouvernement. Le fait est qu'à diverses reprises il a semblé quo des Américains intelligents aient protesté contre ces menées. D'après les derniers votes le gouvernement américain n'a plus derrière lui, pour sa politique de guerre, qu'une petite fraction du peuple américain. Car si un gouvernement étranger, dans ses intentions malveillantes, dans sa présomption et dans sa haine, à l'encontre de toutes les lois naturelles et de la sagesse d'un Président. Monroe, s'immisce par delà deux grands océans dans les affaires de tous les autres continents et veut les terroriser moralement et matériellement, cela no peut pas non plus être la véritable expression de la volonté du peuple américain. Car, premièrement, ce peuple a tous les biens matériels dans son pays même, et, deuxièmement, il sent très bien qu'il ne sera jamais menacé, mais qu'il ne pourra jamais non plus diriger spirituellement ces autres peuples, encore moins les dominer. L'Amérique aux Américains, l'Europe aux Européens, c'est là une sage formule que personne ne pourra négliger à la longue sans déchaîner les plus graves catastrophes mondiales. Si, dans la poursuite de pareils buts contre nature de son Président Roosevelt, le peuple américain toujours davantage, s'il devait se laisser entraîner pour cette raison dans une guerre contre la moitié du monde, nous ne pouvons que le regretter, car je tiens à faire remarquer ici une seule chose.

Si les événements devaient prendre ce cours et si on en venait à une guerre entre les Etats-Unis d'Amérique d'une part, l'Europe et l'Asie Orientale d'autre part, on peut d'ores et déjà constater devant l'histoire que la responsabilité de cette guerre et de toutes ses conséquences incomberait exclusivement au Président Roosevelt.

On peut maintenant se demander quels motifs, au fond, ont poussé le Président Roosevelt à une politique qui a amené son peuple, contre la volonté de ce dernier, toujours plus près de la guerre. D'anciens ambassadeurs polonais, l'un à Washington, l'autre à Paris, ont communiqué en son temps, dans des rapports officiels à leur gouvernement, qu'on devait chercher le motif principal de tous les agissements du Président Roosevelt dans un maladif sentiment de culpabilité. D'après eux, Roosevelt, pour faire diversion aux échecs de sa politique intérieure, dans le domaine social et dans le domaine économique, aurait sciemment tenté, bien avant le début de cette guerre, de détourner l'attention du peuple américain vers le domaine de la politique extérieure. Il aurait donc prêché l'hostilité envers le national-socialisme et le fascisme qui ont obtenu tant de succès dans ces deux domaines et la haine envers leurs fondateurs : Adolf Hitler et Mussolini. Lorsque, par la suite, la position de l'Allemagne et de l'Italie et de leurs chefs devint toujours plus forte en Europe, il aurait provoqué intentionnellement une psychose de guerre générale et serait intervenu ouvertement pour une politique agressive à l'égard de l'Axe. En cela, il serait allé si loin qu'il aurait déjà excité à la guerre en 1938, après Munich, et se serait même permis de menacer le gouvernement anglais de Chamberlain de lui mettre les poucettes au cas où il aurait l'intention de s'arranger à l'amiable avec le Führer sur la question polonaise.

Il résulte aussi de ces rapports ainsi que de nombreuses autres nouvelles authentiques connues ces années dernières et ayant trait à l'attitude du Président des Etats-Unis que, fait saisissant, le Président Roosevelt doit être regardé en fin de compte comme l'auteur et le responsable principal de cette guerre.

Le peuple américain paiera cher, un jour, moralement et matériellement, cette politique de son président. En effet :

1. il est clair que le contribuable américain supportera le fardeau principal de cette guerre anglaise contre l'Allemagne. Comme on le sait, l'Angleterre et d'autres Etats doivent encore aux Etats-Unis environ 15 milliards de dollars, dei tes provenant de la Grande Guerre ; ces pays, qui n'ont même pas pu en temps de paix en payer les intérêts, ne sauront plus forte raison amortir le capital. Et si cela n'a pas été possible pour les dettes anciennes, il est clair que de nouvelles dettes ne seront jamais payées. Chaque fusil, chaque canon et chaque avion que l'Amérique livre aujourd'hui à un pays quelconque, grèvent exclusivement le contribuable américain. D'autre part, les valeurs sortant continuellement d'Amérique sans rien en retour doivent précipiter ce pays dans un temps relativement proche dans la plus grave crise économique que jamais nation ait connue. J'en suis bien persuadé, la catastrophe américaine de 1929 sera un jeu d'enfant, comparée aux conséquences de cette politique de guerre et de cette politique économique de Roosevelt. Dès aujourd'hui se manifeste le premier symptôme de cette catastrophe future : l'inflation commençante, prodrome d'une révolution sociale.
2. Roosevelt prétend lutter pour la sauvegarde de la démocratie. Si c'était vraiment son intention, il ne rechercherait pas la guerre et ne s'allierait pas la Russie bolcheviste. Et comme il le fait, il trahit son intention d'établir en Amérique sa domination absolue et celle de son trust juif. Pour cela, M. Roosevelt est prêt à verser aussi le sang des fils d'Amérique.
3. Roosevelt s'est allié avec le plus grand ennemi de l'humanité, le bolchevisme. Cela aboutira automatiquement en Amérique ? comme auparavant dans d'autres pays ? à une exacerbation des antithèses

sociales. Effectivement, nous sommes convaincus que par cette alliance avec la Russie soviétique, le président Roosevelt a semé le grain d'une des plus épouvantables catastrophes sociales, qui ébranlera le peuple américain et le rejettera des dizaines d'années en arrière.

4. L'alliance de Roosevelt avec le bolchevisme athée ne peut qu'avoir de sérieuses conséquences pour l'amour de la vérité et le sentiment religieux dû peuple américain. Et c'est justement ce que souhaitent, de toute évidence, ses conseillers juifs qui, en soutenant la lutte pour l'athéisme bolcheviste, espèrent servir leurs propres desseins matérialistes.

Je crois que le jour viendra où le peuple américain se réveillera et demandera des comptes à son président et à ses conseillers juifs pour une politique à qui nous devons cette guerre, qui pousse à la guerre une nation après l'autre, et qui essaie par tous les moyens de précipiter le peuple américain lui-même, contre sa propre volonté, dans une guerre que l'Amérique ne gagnera jamais et qui ne pourrait que lui coûter de terribles sacrifices.

M. Churchill s'est entièrement abandonné à cette politique ? Que ce soit de sa propre initiative ou sous l'influence du Président Roosevelt ? Tandis que M. Roosevelt en est principalement responsable, l'Angleterre pourrait bien en faire les frais. Je voudrais résumer comme suit la situation de l'Angleterre et ce qu'elle a à attendre de cette guerre dans tous les domaines :

1. Sur terre et sur mer elle ne saurait, même avec toute l'aide américaine imaginable, gagner la guerre contre les puissances du pacte tripartite et leurs alliés. A partir d'un certain moment ses ressources ne peuvent qu'automatiquement diminuer tandis que nos possibilités augmenteront.

2. Dans le duel aérien provoqué par Churchill entre les îles anglaises et l'Europe, l'Angleterre a nettement toutes les chances contre elle. La situation géographique de ces îles ainsi que de leur économie est infini ment plus défavorable aux attaques aériennes concentriques contre le continent qu'inversement.
3. Le potentiel économique et d'armement demeurant à la disposition de l'Axe après la défaite de la Russie, reste, même si l'on ne tient compte du Japon, infiniment plus considérable que celui des puissances anglo-américaines réunies.
4. En poursuivant, la guerre l'Angleterre perdra ses possessions l'une après l'autre et son empire mondial se trouvera fatalement à l'égard de l'étranger dans une dépendance qui ira croissant.
5. Par l'utilisation concentrique des principales ressources militaires de l'Allemagne et de ses alliés sur mer, sur terre et dans les airs contre l'île britannique, celle-ci sera dévastée et succombera tôt ou tard, quoi qu'il arrive.

Par leur politique de guerre contre l'Allemagne, les gouvernants de Londres ont mis l'empire britannique dans la situation où il se trouve maintenant. C'est le moment, grave entre tous, où M. Churchill ne cesse d'avoir recours à ses méthodes bien connues de bluff à jet continu, méthodes à l'efficacité desquelles il ne croit probablement plus guère lui-même. C'est qu'il se propose surtout de tenir son peuple en haleine. Car, même aujourd'hui, je ne fais pas si peu de cas du jugement de M. Churchill que j'aille m'imaginer qu'il estime par ses nombreux discours faire impression sur la conduite des opérations allemandes. Il convient toutefois de mentionner ici l'affirmation sans cesse renouvelée de l'Angleterre, que l'Allemagne tâte soi-disant le terrain pour conclure la paix. Je voudrais à cet égard constater ici que, depuis les insolents refus des nombreuses offres de paix que le Führer a présentées dans l'enceinte du Reichstag et surtout depuis la débâcle de la France, il n'a été procédé de la part de l'Allemagne à aucun sondage en vue de terminer les hostilités, qu'on n'a jamais eu l'intention de procéder à rien de semblable et qu'aujourd'hui encore ou à l'avenir il n'existe aucune intention de faire une démarche de ce genre. Et si, en dépit de cela, l'Angleterre ne cesse de lancer la nouvelle que l'Allemagne se livre à des sondages quant à la paix, la seule explication possible en est qu'en réalité, c'est le peuple anglais qui aspire aussi ardemment à la paix — et cela dans une plus large mesure qu'il ne plait peut-être à M. Churchill. En inventant ces offres de paix de la part de l'Allemagne, le Gouvernement anglais veut manifestement faire croire à son peuple que l'Allemagne se sent faible. Il veut ensuite, par un rejet héroïque de telles offres de paix de sa propre invention, suggérer au peuple anglais que la situation de l'Angleterre est forte, alors qu'il n'en est rien. Ce sont là en tout cas des plaisanteries qui ne font pas long feu. La propagande anglaise pour la révolution en Europe, notamment dans les zones occupées par des troupes allemandes — voire en Allemagne même ! — est objectivement tout aussi loin de la vérité, mais elle est d'autant plus caractéristique de la mentalité anglo-saxonne, parce qu'on semble donner vraiment dans ce panneau. Outre le secours américain, sur l'importance duquel Churchill peut à peine s'abandonner à des illusions, c'est là apparemment l'ultime espoir du Cabinet anglais actuel.

Et pour éliminer d'emblée un de ces points, venons en à la révolution dans la Grande-Allemagne !

M. Churchill a toujours été mauvais psychologue et il l'est encore sans rémission. On dit de lui qu'il est le politicien anglais qui s'est le plus trompé et qui a subi les plus graves échecs au cours de sa carrière, mais qui a cependant réussi à décrocher la timbale de la présidence du Conseil. Dans certaines démocraties, ceci semble, il est vrai, être une excellente recommandation. Mais qu'un homme d'Etat fonde sur des espoirs aussi niais la destinée de son pays tout entier, voilà qui est cependant d'une rare drôlerie. Un peuple qui a gagné les plus grandes campagnes de son histoire, qui avec ses alliés et amis domine l'Europe, qui a, enfin, assuré son espace vital et s'est rendu par là indépendant de son ambiance au point de vue économique, qui, après des siècles de luttes, assiste à la création d'une Grande-Allemagne, ce serait ce peuple qui maintenant ferait une révolution ! On en pourrait dire autant de l'Italie qui doit tout précisément à la venue du Duce et de son mouvement fasciste qui marqueront les siècles de leur sceau !

Mais même si ce n'était pas le cas et si l'Allemagne, au lieu de voler de victoire en victoire, subissait défaite sur défaite, une certitude demeurerait inébranlable, à savoir que jamais l'Allemagne nationale-socialiste ne capitulera. Avec la légèreté qui, comme chacun sait, n'a cessé de le caractériser au cours de son existence, M. Churchill n'a pas la moindre idée de ce qu'est l'Allemagne actuelle. Un Anglais était récemment heureux de pouvoir écrire qu'un commissaire russe était d'un bois qui ne ployait pas. Si tel est le cas et si un commissaire russe est d'un bois inflexible, alors nous pouvons dire que le national-socialisme est d'acier. L'Angleterre peut au surplus être sûre d'une chose, à savoir qu'un peuple dirigé par un Adolf Hitler n'a qu'une pensée, qui est de lutter jusqu'à l'issue victorieuse de la guerre qui lui a été imposée. Novembre 1918 ne se renouvellera pas dans l'histoire de l'Allemagne.

C'est ce qu'on ne comprend pas en Angleterre, tout simplement parce qu'on ne veut pas renoncer au seul espoir qui subsisté et c'est l'unique raison pour laquelle on croit toujours, même à Londres, semble-t-il, que l'on n'a qu'à reprendre quelques vieilles rengaines de la propagande de la guerre précédente pour attiser des troubles et des révoltes dans d'autres pays d'Europe.

Supposer qu'avec de telles méthodes antédiluviennes de propagande on pourrait nous battre, pour ainsi dire sur notre propre terrain, est non seulement offensant pour notre propre propagande, mais rien que d'y penser est enfantin. M. Churchill, que ses compatriotes célébraient récemment comme le plus grand expert en questions d'armement, devrait proprement savoir qu'à notre époque de moteurs, de chars de combat et stukas, toute révolte est en principe impossible dans des contrées désarmées. Mais Churchill est mal conseillé et mal informé également sur ce point. Du reste, ce n'est pas là la question décisive. Les peuples de l'Europe ne veulent 'aucunement se révolter. Il est clair évidemment que la reconstruction de l'Europe dans la guerre ne peut s'achever du jour au lendemain. Un tel enfantement ne va pas sans douleurs. Sous bien des rapports on devra modifier ses conceptions et s'accoutumer d'abord à la nouvelle situation. S'il y a encore beaucoup de points à éclaircir, à discuter, à régler, en tout cas, la plupart des hommes en Europe sont d'accord en ceci, que l'Angleterre n'aura plus jamais rien à chercher sur le continent : Elle y a trop longtemps joué un rôle néfaste, dressé les uns contre les autres ; fomenté des intrigues, déchaîné sans cesse de nouvelles guerres et les a faites presque toujours au prix du sang des autres. C'est pourquoi l'Europe ; une fois pour toutes, ne veut plus rien savoir de cette politique anglaise. Même en France, la conscience européenne commence à s'éveiller.

Cette dernière guerre de l'Angleterre, qui encore une fois a coûté aux pays de notre continent de la souffrance et des larmes, a amené dans la façon de penser de leurs habitants une transformation beaucoup plus rapide que ne l'auraient pu faire de nombreuses années de paix. Si, pour des raisons égoïstes, certaines gens ne le voient pas encore, ou peut-être ne veulent pas l'avouer ouvertement, il est cependant incontestable que les peuples de l'Europe se sont rapprochés. Si telle ou telle couche de la population hésitait encore, l'alliance de l'Angleterre avec le bolchevisme contre l'Europe a dessillé les yeux même dans ces milieux. Tout Européen sait qu'actuellement l'Angleterre ne désire rien tant que de voir l'ancienne Europe sombrer et s'exténuer dans une catastrophe bolcheviste, dans l'espoir, du reste utopique, de pouvoir se sauver elle-même pour un temps assez long sur son île, pour peut-être un beau jour exciter de nouveau le continent contre les pays d'Orient. Mais l'Europe est sortie de sa passivité et a pris une autre décision. Elle a opéré sa concentration et nous assistons ce spectacle réconfortant qu'une nation européenne après l'autre, le plus souvent d'anciens alliés de l'Angleterre ou des pays que l'Angleterre a précipités dans la guerre contre l'Allemagne et par suite dans le malheur, se détournent d'elle et viennent nous et offrent leurs fils pour combattre l'ennemi commun, le bolchevisme. Pour la première fois dans son histoire, l'Europe est en voie de s'unir. C'est là, en vérité, une évolution remarquable. L'instinct subtil des peuples leur a fait trouver le vrai chemin, contrairement aux intentions de ceux qui les gouvernaient autrefois, qui, aujourd'hui, émigrés à Londres, sont assis à la même table que Churchill, l'allié de Staline, et dont les peuples déçus ne veulent, plus rien savoir, Actuellement, les fils de presque tous les pays européens combattent à l'Est pour la sauvegarde de la vie et de la culture de notre continent. Le sang versé dans cette lutte menée en commun aura plus de poids que toutes les traditions d'une époque révolue. La nouvelle Europe est en marche. Bien ne la fera dévier, rien ne l'arrêtera. Que M. Churchill et M. Roosevelt et les Juifs dans la coulisse le veuillent ou non, les peuples de ce continent construiront la nouvelle Europe et ne se laisseront déranger par personne qu'il y ait guerre ou non.

Inattaquables au point de vue militaire, assurés au point de vue économique, nous pouvons organiser politiquement notre continent comme si nous vivions en temps de paix. Et si, pendant un certain temps, des avions de bombardement se présentent parfois, nous ferons en sorte de le leur rendre au décuple.

De fait, l'Europe pourrait, s'il le fallait, faire une guerre de trente ans sans que le continent se trouvât jamais gravement en danger. Grâce à l'union toujours plus étroite et à la cohésion, notre continent deviendra un facteur toujours plus fort dressé contre tous ceux qui oseraient attaquer l'Europe.

Et, Messieurs, avec l'ordre nouveau européen sous la direction de l'Axe et de ses amis, progresse l'ordre nouveau en Extrême-Orient sous la direction du Japon et de ses amis. Nul ne peut à la longue arrêter cette évolution, quels que puissent être les énormes efforts et les sacrifices au prix desquels on atteindra le but. Dans la lutte des peuples jeunes pour un ordre nouveau contre les défenseurs d'une clique internationale de brasseurs d'affaires juifs et de politiciens qui oppriment leurs propres peuples, la victoire finale ne saurait taire aucun doute. C'est pourquoi la Providence a jusqu'à présent si largement béni notre lutte et elle nous assistera jusqu'à l'anéantissement final de l'agresseur qui se dresse contre cet ordre nouveau d'un monde à son réveil !

18.555. — Imprimerie Charaire à Sceaux. — 11-41

EN VENTE
CHEZ LE MÊME ÉDITEUR

librisaeterna.com

Anonyme – *La huitième croisade.*
    " – *Le survivaliste. Bienvenue en enfer.*
    " – *L'Église éclipsée.*
Gaston-Armand Amaudruz – *Le peuple russe et la défense de la race blanche.*
    " " " – *Nous autres racistes.*
Adrien Arcand – *Le communisme installé chez nous suivi de la révolte du matérialisme.*
    " " – *Le christianisme a-t-il fait faillite ?*

Herbert Backe – *La fin du libéralisme.*
Itsvan Bakony – *Impérialisme, communisme et judaïsme.*
Jean-Louis Berger – *Un honnête Homme égaré à L'Éducation (manipulation) Nationale.*
Baruteil Pierre (Puig A.) – *La race de vipères et le rameau d'olivier.*
René Bergeron – *Le corps mystique de l'antéchrist.*
Karl Bergmeister – *Le plan juif de conspiration mondiale.*
Clotilde Bersone – *L'élue du Dragon.*
Jean Bertrand & Claude Wacogne – *La fausse éducation nationale.*
René Binet – *Contribution à une éthique raciste.*
Léon Bloy – *Le salut par les juifs.*
Jean Boyer – *Les pires ennemis de nos peuples.*
Flavien Brenier – *Les juifs et le Talmud.*

Alexis Carrel – *L'homme cet inconnu.*
William Guy Carr – *Des pions sur l'échiquier.*
Lucien Cavro-Demars – *La honte sioniste.*
Pierre-Antoine Cousteau – *L'Amérique juive.*
    " " " – *Après le déluge.*
Louis-Ferdinand Céline – *Voyage au bout de la nuit.*
    " " " – *Mort à crédit.*
    " " " – *Mea Culpa.*

Louis-Ferdinand Céline – *L'école des cadavres.*
      "   "   " – *Les beaux draps.*
      "   "   " – *Bagatelles pour un massacre.*
      "   "   " – *D'un château l'autre.*
      "   "   " – *Nord.*
      "   "   " – *Rigodon.*
André Chaumet – *Juifs et américains rois de l'Afrique du nord.*

Savitri DEVI – *La Foudre et le Soleil.*
Louis Dasté – *Les sociétés secrètes et les juifs.*
    "   " – *Les sociétés secrètes, leurs crimes.*
    "   " – *Marie-Antoinette et le complot maçonnique.*
Léon Daudet – *Deux idoles sanguinaires.*

Frederico de ECHEVERRIA – *L'Espagne en flammes.*

Henri FAUGERAS – *Les juifs peuple de proie.*
Eugène Fayolle – *Est-ce que je deviens antisémite ?*
   "   "   " – *Le juif cet inconnu.*

Paul B. GALLAGHER – *Comment Venise orchestra le plus grand désastre financier de l'histoire.*
Naeim Giladi – *Les juifs d'Irak.*
Urbain Gohier – *Le complot de l'Orléanisme et de la franc-maçonnerie.*
Hermann Göring – *L'Allemagne renaît.*
Joseph Goebbels – *Combat pour Berlin.*
Georges Grandjean – *La destruction de Jérusalem.*

Jean HAUPT – *Le procès de la démocratie.*
Philippe Henriot – *Le 6 Février.*
   "   "   " – *« Ici, Radio-France. »*
Heinrich Himmler – *L'Esprit de la SS.*
Alexander Hislop – *Les deux Babylones.*
Adolf Hitler – *Principes d'action.*

LES JUIFS EN FRANCE – *Intégral.*
Les juifs en France – George Montandon – *Comment reconnaître le juif ?*
   "   "   " – Fernand Querrioux – *La médecine et les juifs.*
   "   "   " – Lucien Pemjean – *La presse et les juifs.*
   "   "   " – Lucien Rebatet – *Les tribus du cinéma et du théâtre.*
Émile Junes – *Étude sur la circoncision rituelle en Israël 3. Circoncision et législation rabbinique.*

Alexandre KAZANTSEV – *Le messager du cosmos ; le martien.*

Arthur Kemp – *Le mensonge de l'apartheid.*
Hervé Kerbourc'h – *L'imposture de la «sécurité sociale».*

Roger LAMBELIN – *«Protocols» des sages de Sion.*
Josef Landowsky – *Symphonie en rouge majeur.*
Ernest Larisse – *Jean Lombard & la face cachée de l'histoire moderne.*
Le Sage de La Franquerie de La Tourre André – *Marie-Julie Jahenny la stigmatisée bretonne.*
Arnold Leese – *Notre livre de caricatures séditieuses.*
Capitaine Lefèvre – *Les marchands de mort subite.*
Marcel Lefebvre – *Les sermons de Monseigneur Marcel Lefebvre.*
Jean Lombard – *La face cachée de l'histoire moderne – tome I.*
Charles Lucieto (Teddy Legrand) – *Les sept têtes du dragon vert.*
Georges de La Fouchardière – *Histoire d'un petit juif.*
Joseph Landowsky – *Symphonie en rouge majeur.*
Henri Louatron – *A la messe noire ou le luciférisme existe.*

Deidre MANIFOLD – *Karl Marx ; Vrai ou faux prophète ?*
Philippe Marie-Dominique – *La symbolique de la Messe.*
Claire Martigues – *Le pacte de Reims et la vocation de la France.*
Wilhelm Marr – *La victoire du judaïsme sur le germanisme.*
Serge Monast – *Le gouvernement mondial de l'antéchrist.*
Benito Mussolini – *La doctrine du fascisme.*

Claude NANCY – *Les races humaines ; tome I & II.*
Serguei Nilus – *Les protocoles des sages de Sion.*

Goré O'THOUMA – *L'esprit juif.*
Ferdynand Ossendowski – *Bêtes, Hommes et Dieux.*
George Orwel, (Eric Arthur Blair) – *1984.*
Eric Owens – *J'étais prêt à mourir.*

Edmond PARIS – *Histoire secrète des Jésuites.*
William Luther Pierce – *Chasseur.*
   "   "   "   – *Les carnets de Turner.*
   »   «   «   – *Pensées sur le 4 juillet.*
   »   «   «   – *Extraits du Manuel du membre de la National Alliance.*
   »   «   «   – *L'Esprit faustien.*
   »   «   «   – *Sur le christianisme.*
   »   «   «   – *La mesure de la grandeur.*
   »   «   «   – *Le féminisme.*
   »   «   «   – *Le port d'armes en Allemagne 1928-1945.*

Léon de Poncins – *Les documents Morgenthau.*
    "   "   "   – *Israël destructeur d'empires.*
    »   «   »   – *Le Judaïsme et le Vatican.*
Carlos Whitlock Porter – *Non coupable au procès de Nuremberg.*
Ezra Weston Loomis Pound – *Le travail et l'usure.*
A. Puig – *La race de vipères et le rameau d'olivier.*

Douglas REED – *La controverse de Sion.*
Joachim von Ribbentrop – *La lutte de l'Europe pour sa liberté.*
Vladimir Michaïlovitch Roudnieff – *La vérité sur la famille impériale russe et les influences occultes.*
Auguste Rohling – *Le juif-talmudiste.*
    "   "   – *Le juif selon le Talmud.*
Alfred Rosenberg – *L'heure décisive de la lutte entre l'Europe et le bolchevisme.*
Alfred Rosenberg – *Le mythe du XXe siècle.*

Alexandre Saint-YVES D'ALVEYDRE – *La France vraie ; tome* I & II.
    "   "   – *La mission des juifs ; tome* I & II.
    "   "   – *La mission des souverains.*
Michel Christian Soulier – *Templum.*
Bernhard Schaub – *L'action européenne.*
Jules Séverin – *Le monopole universitaire.*
Andrei Vladimirovich Sokolov (*Stanislav Volski*) – *La Russie bolcheviste ; dans le royaume de la famine et de la haine.*

Jérôme et Jean THARAUD – *L'an prochain à Jérusalem.*
Frederik To Gaste – *La vérité sur les meurtres rituels juifs.*
Léon Trotski – *Staline.*
François Trocase – *L'Autriche juive.*

Herman de VRiES DE HEEKELiNGEN – *Les protocoles des sages de Sion constituent-ils un faux ?*
    "   "   "   – *L'orgueil juif.*
Marie-Léon Vial – *Le juif sectaire ou la tolérance talmudique.*
    "   "   – *Le juif roi.*

Kalixt de WOLSKi – *La Pologne.*
    "   "   "   – *La Russie juive.*

YVRi – *Le sionisme et la juiverie internationale.*

Hanna ZAKARiAS (Gabriel THÉRY) – *L'Islam et la critique historique.*
    "   "   "   – *Voici le vrai Mohammed et le faux coran.*

- the-savoisien.com
- pdfarchive.info
- vivaeuropa.info
- freepdf.info
- aryanalibris.com
- aldebaranvideo.tv
- histoireebook.com
- balderexlibris.com

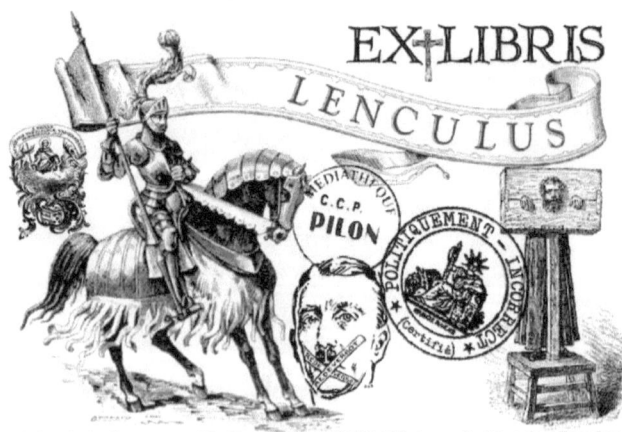

Librairie Excommuniée Numérique CULUS (CUrieux de Lire des Usuels)

www.ingramcontent.com/pod-product-compliance
Lightning Source LLC
LaVergne TN
LVHW041552060526
838200LV00037B/1246